中国儿童核心素养培养计划

U0358665

课后半小时 小学生阶段阅读

文化基础 ✕ 自主发展 ✕ 社会参与

探秘大脑

课后半小时编辑组 ■ 编著

思维的奥秘

016

北京理工大学出版社
BEIJING INSTITUTE OF TECHNOLOGY PRESS

核心素养之旅
Journey of Core Literacy

中国学生发展核心素养，指的是学生应具备的、能够适应终身发展和社会发展的必备品格和关键能力。简单来说，它是可以武装你的铠甲、是可以助力你成长的利器。有了它，再多的坎坷你都可以跨过，然后一路登上最高的山巅。怎么样，你准备好开启你的核心素养之旅了吗？

文化基础

科学基础

第 1 天 万能数学 〈数学思维〉
第 2 天 地理世界 〈观察能力 地理基础〉
第 3 天 物理现象 〈观察能力 物理基础〉
第 4 天 神奇生物 〈观察能力 生物基础〉
第 5 天 奇妙化学 〈理解能力 想象能力 化学基础〉

科学精神

第 6 天 寻找科学 〈观察能力 探究能力〉
第 7 天 科学思维 〈逻辑推理〉
第 8 天 科学实践 〈探究能力 逻辑推理〉
第 9 天 科学成果 〈探究能力 批判思维〉
第 10 天 科学态度 〈批判思维〉

人文底蕴

第 11 天 美丽中国 〈传承能力〉
第 12 天 中国历史 〈人文情怀 传承能力〉
第 13 天 中国文化 〈传承能力〉
第 14 天 连接世界 〈人文情怀 国际视野〉
第 15 天 多彩世界 〈国际视野〉

自主发展

学会学习

第 16 天 探秘大脑 • 反思能力
第 17 天 高效学习 〈自主能力 规划能力〉
第 18 天 学会观察 〈观察能力 反思能力〉
第 19 天 学会应用 〈自主能力〉
第 20 天 机器学习 〈信息意识〉

健康生活

第 21 天 认识自己 〈抗挫折能力 自信感〉
第 22 天 社会交往 〈社交能力 情商力〉

社会参与

责任担当

第 23 天 国防科技 〈民族自信〉
第 24 天 中国力量 〈民族自信〉
第 25 天 保护地球 〈责任感 反思能力 国际视野〉

实践创新

第 26 天 生命密码 〈创新实践〉
第 27 天 生物技术 〈创新实践〉
第 28 天 世纪能源 〈创新实践〉
第 29 天 空天梦想 〈创新实践〉
第 30 天 工程思维 〈创新实践〉

总结复习

第 31 天 概念之书

中国儿童核心素养培养计划

课后半小时 小学生阶段阅读

文化基础 ✕ 自主发展 ✕ 社会参与

016

卷首

FINDING　发现生活

EXPLORATION 上下求索

COLUMN　青出于蓝

THINKING　行成于思

为什么一玩游戏就停不下来?

也许你有过这样的经历:打开一本沉甸甸的书,翻不了几页就觉得索然无味,硬着头皮翻下去,感觉已经看了很久,可一抬眼,发现才过去了几分钟;可打开喜欢的游戏,不知不觉,小半天的时间就像沙漏里的沙子一样,无声无息地流逝了。

为什么读书时觉得"度日如年",玩游戏时却欲罢不能?这是因为我们的意志力不够坚定吗?

先别急于怀疑、否定自己,让我们从科学的角度来认识这一现象吧。1953 年,科学家詹姆斯·奥尔兹和彼得·米尔纳做了一个经典的脑科学实验,将电极植入小白鼠大脑中的某个区域,并将其关联在一个杠杆上,当小白鼠压下杠杆时,这个大脑区域就会受到电击。这种电击的力度控制得非常精确,让小白鼠的大脑像做按摩一样舒适。果然,小白鼠立即爱上了这种感觉,在接下来的实验中,小白鼠不吃不喝、不眠不休,不停地压下杠杆,只为获得这种快感。

小白鼠为什么变得如此痴迷呢?科学家发现,这是因为电击启动了小白鼠大脑中的奖励机制,使大脑分泌了一种名叫多巴胺的激素，这种激素能带来愉悦和满足。小白鼠为了不断获得多巴胺，不停地重复压杠杆的动作，这就是大脑的奖励机制。随着研究的深入，现代脑神经科学家发现，不断重复能够获得奖励行为是大脑的一项本能。

回顾前面提到的一玩就停不下来的游戏，聪明的你也许已经猜到了，游戏恰好利用了大脑的奖励机制，通过种种设定，给玩家带来新鲜感和刺激感，让玩家的大脑不断释放多巴胺，使玩家欲罢不能。

说到这里，我们不禁要问：我们能不能也利用大脑的奖励机制，让自己爱上学习呢？答案是肯定的：当然可以！大脑是热爱学习新事物的。在本册里，我们将去了解大脑是怎样指挥人体的，去探究怎样才能让大脑爱上学习。让我们一起激发大脑的潜力吧。

张可文
北京市育才中学资深生物教师
北京市西城区骨干教师，生物专业审读

我快憋不住了！谁在发号施令？

撰文：胡依灵

你有过这样的经历吗？睡前喝了太多水，到了半夜，一阵强烈的尿意袭来，不得不揉着惺忪的睡眼爬起来去上厕所，香甜的好梦就这么被打搅了。你知道这是谁在"指挥"吗？

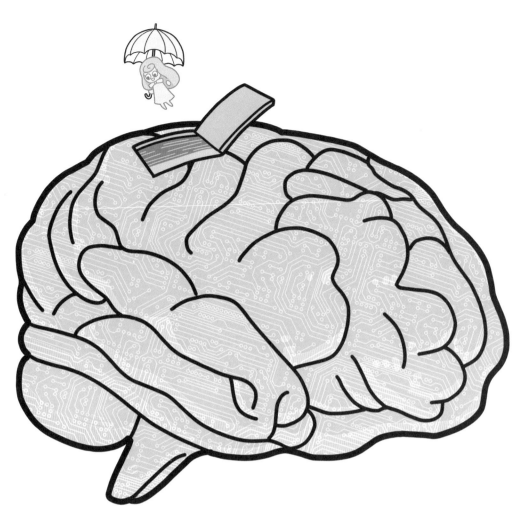

没错，是大脑！

撰文：胡依灵

　　如果把人体比作一台复杂的机器，那么大脑毫无疑问就是这台机器的中央处理器，许多重要的生命行为都要在大脑的支配下才能正常运转。

　　比如我们运动时，各部位的肌肉有序配合，完成各个动作，这离不开大脑的运动功能；比如我们轻嗅鲜花会感受到芳香、触摸溪水会感受到清凉，这体现了大脑的感觉功能；比如我们学会说话、阅读、写作，能通过语言或文字与他人沟通，这与大脑的语言功能紧密相关；比如我们会产生喜怒哀乐等等心情，这体现了大脑的情绪功能。总之，大脑是思维活动的物质基础，是人体名副其实的"司令官"。

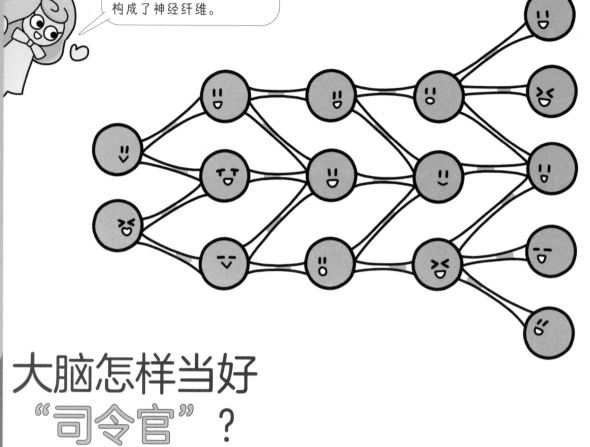

神经细胞的突起彼此连接，构成了神经纤维。

大脑怎样当好"司令官"？

撰文：硫克

大脑是怎样当好人体的"司令官"的呢？就像军队里的司令官一样坐镇指挥部，通过许多传令兵来获取各处情报，并给出自己的指令。大脑也有自己的"传令兵"，那就是神经纤维。

神经纤维相当于连接大脑和各个器官、部位之间的信息传输线，大脑发出的各个指令，通过神经纤维传递到身体相应的部位。比如钢琴家弹奏钢琴时，大脑就是通过正中神经、尺神经及桡神经来控制手指活动的；画家写生观察时，大脑就是通过动眼神经、滑车神经来控制眼球转动的；歌手演唱时，大脑就是通过喉返神经来控制声带发声的。

▶延伸知识

神经纤维是指神经细胞的突起和外膜结构，因纤细如纤维而得名，分布于人体各器官和组织的间隙。

什么是
神经系统？

撰文：陶然

  神经系统是机体内对生理功能活动的调节起主导作用的系统，分为中枢神经系统和周围神经系统两大部分。中枢神经系统包括脑和脊髓，周围神经系统包括脑神经和脊神经。每时每刻，甚至每分每秒，神经系统都在传输大量的信息，让大脑能进行认知和判断。

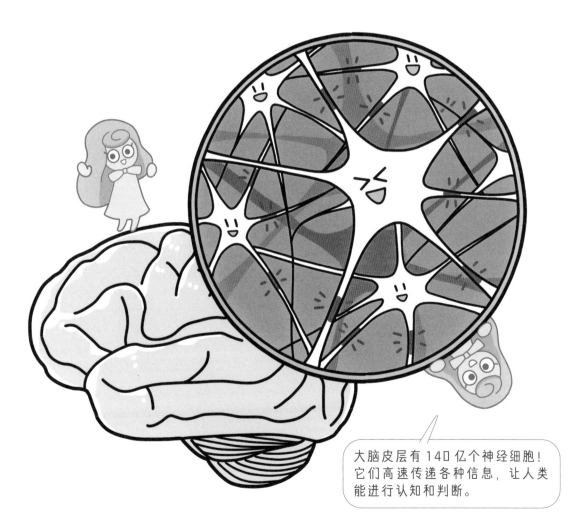

大脑皮层有140亿个神经细胞！它们高速传递各种信息，让人类能进行认知和判断。

人体的
八大系统

撰文：硫克

各个器官按照一定的顺序排列在一起，完成一项或多项生理活动，这就形成了人体的系统。除了刚刚提到的神经系统，还有运动系统、内分泌系统、循环系统、呼吸系统、消化系统、泌尿系统、生殖系统。人体的八大系统之间协调配合，使人体内各种复杂的生命活动能够正常进行。

八大系统各司其职

神经系统能干啥？

撰文：陶然

简单地说，神经系统能对外界环境的刺激做出反应。神经系统的反应可以分成两类。不需要经过大脑，反射动作非常迅速，是天生就有的，就是非条件反射，比如我们不小心碰到很烫的东西时会迅速把手缩回来。

另一类是条件反射，需要通过后天的经验积累才能形成。比如成语"望梅止渴"的故事就是条件反射，士兵们一听到梅子嘴里就流出口水。

大脑也需要"热身"?

撰文：硫克

当我们刚刚起床时，
常常感觉迷迷糊糊还没睡醒；
当我们聚精会神投入学习、工作一段时间后，
会感觉清醒了很多，甚至"思如泉涌"。
大脑也需要像运动员一样，
"热身"后进入状态吗？

这是我们的小主人公团团，当他开始用脑时，大脑里是怎样的一番场景呢？

忙忙碌碌的
神经元

撰文：一喵师太

这是因为我们的身体中有一种叫神经元的细胞。人体中有上百亿个神经元，它们彼此联络，构成了完整的神经系统。

神经元会接收、传递各种各样的信息，并输出给神经系统来进行处理。随着神经元之间的信息传递越来越迅速，大脑也运转得越来越顺畅，也就是我们感受到的大脑反应敏捷、"思如泉涌"的状态。

在团团的大脑中，有数百亿个神经元。每时每刻，都有无数个神经元在为他工作！

神经元细胞由细胞体和突起组成。外界的信息会转变为电信号，突起负责接收和传递电信号，突起分为树突和轴突两种。

在一个神经元内，电信号会从树突传递到轴突，再由轴突传递给下一个神经元，一个接一个犹如接力赛。这一切都发生在极短的时间内，就这样，电信号像上了高速公路，在神经系统里一路飞驰。

随着神经的兴奋传递，神经元之间的连接越来越强，这条信息高速公路也越来越通畅，我们也会感到动脑思考时的效率越来越高。

主编有话说

神经系统的信息传递，是通过神经信号来实现的。这些信号基于一个个神经元组成的神经纤维，进行远距离传递。神经元与神经元之间的信号传递是电化学反应，用专业术语叫"神经的兴奋传递"。

又有新的学习任务了！每天的工作都充满了挑战……

这样才有意思啊！

神经会"累坏"吗？

撰文：豆豆菲

想象一下，如果在出生时大脑里的各种"装置设备"就安装好了，那么人们将不再需要学习，但会变得像机器人一样，只能按既定的程序运转，不会再有自由创造的快乐。

就是！外面的人类对我们的本事也非常好奇和关注，心理学家们做过很多相关的研究……

那样可不好，还是我们这样好，我们身上还有好多待开发的本事呢。

正如刚刚提到的，神经元构成的神经系统就像一张川流不息的高速公路网，各种各样的信息犹如络绎不绝的车辆。你会不会觉得忙碌的神经元们太"辛苦"了呢，甚至担心它们被繁忙的任务给累坏了？让我们追随科学家研究大脑的脚步吧，它不但能打消你的顾虑，也许还能让你对大脑产生新的认识。

窥探大脑的秘密

脑电图技术和脑成像技术是科学家得以在脑科学领域取得成就的关键技术。

撰文：豆豆菲

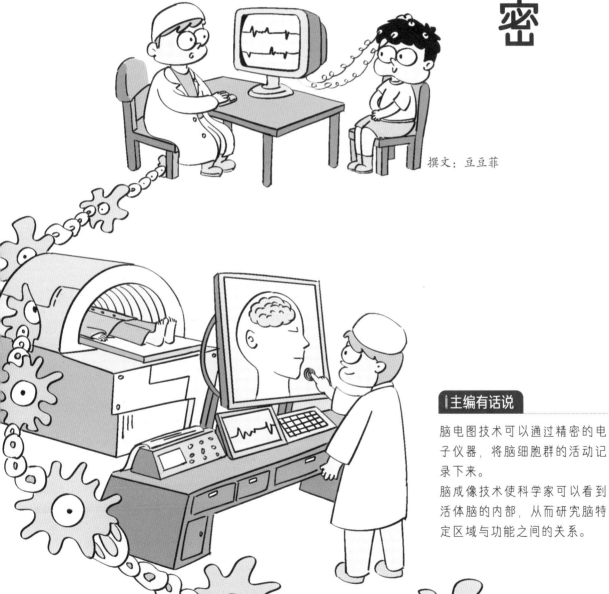

主编有话说

脑电图技术可以通过精密的电子仪器，将脑细胞群的活动记录下来。

脑成像技术使科学家可以看到活体脑的内部，从而研究脑特定区域与功能之间的关系。

随着科学研究的深入，我们也得以窥探到大脑更多的奥秘，让我们先来看几个例子。

案例1

长期练习音乐可以增加大脑中一些区域脑灰质（大脑表面神经元集中分布的地方）的面积，还能强化灰质之间的联系。

案例2

在母语之外学习第二种语言，会对大脑结构带来改变。

案例3

大城市的出租车司机需要记忆成百上千条错综复杂的道路，这样的工作经历使得他们有着比普通人更大的海马体（大脑中主要负责记忆的结构）。

神经的可塑性

这些例子共同表明：大脑的许多方面都可以改变。科学研究也证实了这一点，通过练习新技能、适应新环境等学习方式，可以让神经元建立新的连接通路，或者产生更大的系统性调整，也就是让大脑的某一功能区越用越强大。这就是神经的可塑性。

撰文：陶然

▶延伸知识

神经具有可塑性是现代脑科学的最重要的结论之一，而许多人的学习观念还停留在"学习是学生时代的事"，甚至以为长大后，大脑就不再发育，这是一个需要纠正的误区。大脑终身具有可塑性，它就是为我们的终身学习而准备的！

伟人大脑的印证

撰文：硫克

科学家对于大脑的探索永无止境。对于脑科学研究来说，那些蕴含着惊人智慧的"头脑"更是十分珍贵的研究样本。

爱因斯坦作为 20 世纪最伟大的科学家之一，生前曾拓展了人类对科学的认知，而他故去之后，仍以一种特别的方式带给我们新的启示。

1955 年，爱因斯坦去世于普林斯顿医院，当人们为这位科学家的陨落而哀悼时，传出了一件令人震惊的消息——爱因斯坦的大脑不见了。

原来，负责为爱因斯坦尸检的人是普林斯顿医院的病理学家托马斯·哈维，他解剖了爱因斯坦的遗体，证实了爱因斯坦的死因是动脉破裂，同时利用职务之便取走了爱因斯坦的大脑！哈维承认他的行为没有事先取得爱因斯坦家人的许可，也没有征得医院的同意，但言之凿凿地说任由天才的大脑被焚毁是可耻的事情，他之所以要盗走爱因斯坦大脑，是为了解开一个谜团——天才的秘密在哪里。

对于这个疑问，研究者的观点是，爱因斯坦的天才可能是他独特的大脑结构和他的生活学习经历共同造就的。这也印证了前文提到的神经可塑性助力大脑越用越强大。所以主编想告诉各位小读者们，智慧并不完全是天生的，后天的努力更加重要。

在哈维的软磨硬泡下，爱因斯坦的家人最终同意了他的请求。如获至宝的哈维和其他学者通过研究，发现尽管爱因斯坦大脑的整体尺寸并没有异于常人，但是大脑中的特定部位——比如顶叶，则比普通人要明显发达，而且大脑中的神经元也更密集。密集的神经元可以助力我们进行思考，而顶叶则和逻辑思维密不可分，所以这可能是爱因斯坦伟大的原因之一。

这不禁令人遐想，究竟是因为爱因斯坦天生拥有异于常人的大脑，因此才成就了他杰出物理学家的成就，还是因为他深入钻研物理学而导致了他大脑的某些部分发生不同寻常的发育？

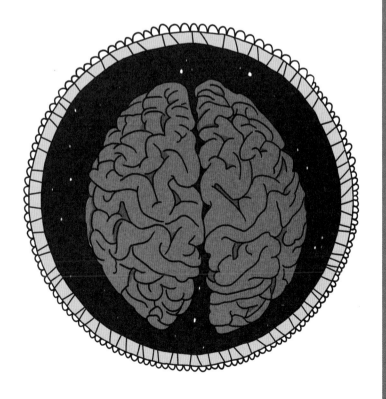

神奇的认知加工厂

神经系统这张信息高速公路网汇集的中心，正是一座"认知加工厂"，各处信息都汇总到这里处理，这就是我们的大脑。而正因为神经具有可塑性，我们的大脑才会越来越强大。

撰文：张婉月

那么，就让我们一起看看这座奇妙的"认知加工厂"是怎样一点一点建设起来的吧。

想知道我们是怎么工作的吗？一起去认知加工厂里看一看吧！

团团可以用眼睛看到事物、用耳朵听到声音，是因为认知加工厂里神经元之间的默契配合。

团团能记住身边不同的人和事，会回顾过去、畅想未来，是因为认知加工厂里神经元之间的密切协作。

团团会阅读、思考、学习新的知识，解决各种问题，也是因为认知加工厂里神经元的辛勤工作。

在团团刚出生时，认知加工厂里还是一片荒凉的景象。

撰文：张婉月

大脑是这样变强的

随着团团拥有了说话、认字、算数等基本能力，认知加工厂的基础设施就搭建起来了，神经元的配合也更加默契。

刚开始时，因为设备和材料样样缺乏，神经元工作起来速度很慢，团团只能一点一点地去学习非常简单的知识。

后来团团进入学校，开始系统地学习知识，认知加工厂里的工作区越来越多，神经元的工作效率也在不断提高。

而我们就是整个变化过程的亲历者！

长时记忆库

撰文：豆豆菲

主编有话说

你有过类似的经历吗？昨天才背的单词可能记不住，但上幼儿园时背的古诗今天还能琅琅上口。这是因为前者还没有转化为长时记忆，后者已经成为长时记忆了。而长时记忆的有效期是非常久的，甚至终身有效。

如果说大脑是"认知加工厂"，那么，这座工厂得有多大的库房，才能储存我们从小到大学习、成长过程中积累下的海量信息啊？它是怎样保存这些重要资料的呢？想象一下：有一座存储空间几乎无限大的库房，里面摆满了无数个盒子，每个盒子里都储存着某个回忆，尽管它们数量庞大，但并不会造成沉重的负担。因为平常它们都是默默地"休眠"，需要哪个，哪个才会被"唤醒"——大脑就是这样储存过往回忆的。

qín qí
琴 棋
shū huà
书 画

这里是关于汉字的记忆。

静夜思
（唐）李白
床前明月光，疑是地上霜。
举头望明月，低头思故乡。

这里是关于古诗的记忆。

这里是关于音乐的记忆。

记忆是这样保存的

撰文：豆豆菲

长时记忆是指存储时间较长的记忆，通常能保持多年，甚至终身。大脑会把长时记忆的信息以特定的组织状态存储起来，分门别类地保存。

▎主编有话说

长时记忆通常是不断反复形成的，但也有一次性形成的。一次性形成长时记忆，往往是因为印象极其深刻。

这里是关于动物知识的记忆。

这里有各种图形的记忆。

这里记着好朋友们的名字……

安安 乐乐 丫丫

长时记忆的功效

撰文：一喵师太

为什么大脑要建设这么庞大的长时记忆库呢？仅仅是为了留存过去的美好回忆吗？当然不是，长时记忆相当于一个数据库，当我们遇到新问题时，它能调动出需要的信息，帮助我们解决问题。

怎样形成
长时记忆?

既然长时记忆在帮助我们解决新问题时这么重要,那我们可以怎样形成更多的长时记忆呢? 这就要提到记忆中的"工作记忆"。工作记忆处理新接收到的信息,比如遇到新问题、接触新知识,对于思考认知活动起着非常重要的作用。

▶随手小记

通过不断重复,可以把"转瞬即逝"的工作记忆转化成长久保存的长时记忆。

撰文:硫克

既然我们可以通过体育锻炼

让肌肉越来越强健,

那么,我们能不能让大脑也"锻炼"

得越来越强大呢?

大脑可以"锻炼"
得更强大吗?

答 当然可以! 还记得我们前面提到的神经可塑性吗? 生物学上有一个叫作"用进废退"的规律,也就是指生物体的器官经常使用就会变得发达,而不经常使用就会逐渐退化。这一规律同样适用于人脑。神经系统和其他系统一样,越用越能保持其充沛的活力,总不用的话,它就会功能退化。

无论是学习一项新的技能,还是深入钻研已有的知识,无论是读书,还是实践,对于大脑来说,都是持续不断的挑战。在这个过程中,大脑的功能得到了不断加强。

撰文：陶然

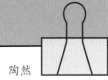

大脑的**潜力**正等待着我们来开发

　　所以，为了我们的大脑能长葆活力，可千万别吝惜动脑思考，同时，我们也会品味到学习和思考带来的快乐，就像古人说的："学而时习之，不亦乐乎？"

张可文

北京市育才中学资深生物教师，
北京市西城区骨干教师

现代人的大脑
还能像人类祖先的大脑那样
一直进化吗？

答 200 万年前的人类祖先——南方古猿的脑容量仅有 400 到 500 毫升，20 万年前的智人的脑容量增长到了 1300 毫升，而现代人的脑容量更是达到了 1500 毫升。大脑不仅容量增大，而且结构精密，不同区域各司其职，成为人体名副其实的司令官。可以说，人类的进化同时伴随着大脑的进化。

那么，我们自然会好奇，人的大脑还能继续进化吗？

首先，大脑的运行是需要能量的。大脑仅占人体重的 2%，却消耗了 20% 到 25% 的能量，比任何器官消耗的都多。大脑容量越大，消耗的能量和营养就越多。其次，大脑体积越大，不同区域之间就需要越多的神经通路连接。此外，大脑皮质如果过大，会挤压大脑的其他部分，比如脑干、中脑和小脑。总结来说，大脑的大小一旦超过某一临界点，就会影响机体的生存。所以科学家认为，人的大脑容量不会无限上涨。而且器官的进化往往要以万年为单位才能显现，与其寄希望于大脑进化得越来越聪明，不如自己勤于动脑，让大脑越练越聪明。

选一选

01 一玩喜欢的游戏就感到欲罢不能，这是因为人的大脑有一种（　），会通过释放激素，让人不断重复下去。

　　A. 惩罚机制

　　B. 诱导机制

　　C. 奖励机制

02 大脑作为人体的"司令官"，它是通过（　）来指挥全身的。

　　A. 运动系统

　　B. 神经系统

　　C. 消化系统

03 当我们遇到新问题时，大脑中的（　）能调动出需要的信息，帮助我们解决问题。

　　A. 工作记忆库

　　B. 瞬时记忆库

　　C. 长时记忆库

04 一名文学爱好者长年累月背诵古诗，他大脑中的神经元因此建立新的连接通路，大脑的主管记忆的功能区越来越发达。这一特性被称为神经的（　）。

　　A. 可塑性

　　B. 可逆性

　　C. 可行性

05 下列哪个不是神经元细胞的组成部分？（　）

　　A. 细胞体

　　B. 细胞壁

　　C. 突起

06 不小心碰到了火苗，手会迅速缩回来，这是一种 ＿＿＿＿ 。

07 战士长年累月接受训练，一听到口令就会迅速卧倒，这是一种 ＿＿＿＿ 。

08 人体当中消耗最多能量的器官是 ＿＿＿＿ 。

09 生物体的器官经常使用就会变得发达，而不经常使用就会逐渐退化，这一规律

称为"＿＿＿＿"。

10 科学家可以借助 ＿＿＿＿ 和脑成像技术研究大脑。

名词索引

头脑风暴答案

1C　　　　6 非条件反射

2B　　　　7 条件反射

3C　　　　8 大脑

4A　　　　9 用进废退

5B　　　　10 脑电图技术

致谢

《课后半小时 中国儿童核心素养培养计划》是一套由北京理工大学出版社童书中心课后半小时编辑组编著、全面对标中国学生发展核心素养要求的系列科普丛书，这套丛书的出版离不开内容创作者的支持，感谢米莱知识宇宙的授权。

本册《探秘大脑 思维的奥秘》内容汇编自以下出版作品：

[1]《这就是生物：器官里的奇妙旅行》，北京理工大学出版社，2022 年出版。

[2]《好奇心时报》，电子工业出版社，2019 年出版。

[3]《欢迎来到我的世界：大脑爱学习》，电子工业出版社，2022 年出版。

图书在版编目（CIP）数据

课后半小时 : 中国儿童核心素养培养计划 : 共31册/

课后半小时编辑组编著. -- 北京 : 北京理工大学出版社, 2023.5

　　ISBN 978-7-5763-1906-4

　　Ⅰ.①课… Ⅱ.①课… Ⅲ.①科学知识—儿童读物

Ⅳ.①Z228.1

　　中国版本图书馆CIP数据核字(2022)第233813号

出版发行 / 北京理工大学出版社有限责任公司

社　　　址 / 北京市海淀区中关村南大街5号

邮　　　编 / 100081

电　　　话 /（010）82563891（童书出版中心）

网　　　址 / http://www.bitpress.com.cn

经　　　销 / 全国各地新华书店

印　　　刷 / 雅迪云印（天津）科技有限公司

开　　　本 / 787毫米×1092毫米　1 / 16

印　　　张 / 83.5

字　　　数 / 2480千字　　　　　　　　　　　　　　　责任编辑 / 申玉琴

版　　　次 / 2023年5月第1版　2023年5月第1次印刷　　文案编辑 / 申玉琴

审 图 号 / GS（2020）4919号　　　　　　　　　　　　责任校对 / 刘亚男

定　　　价 / 898.00元（全31册）　　　　　　　　　　责任印制 / 王美丽